AF588801

VIE ET CULTE

DE

SAINTE REINE

PRÉFACE

Nos ancêtres croyaient pouvoir se permettre des développements pieux aux paroles des Saints, transmises par l'histoire, ils admettaient et complétaient volontiers les légendes populaires, parce qu'ils pensaient travailler ainsi à l'édification et à la sanctification des âmes en leur fournissant un aliment de piété et de charité. Notre siècle, qui dépense tant d'imagination dans la publication d'une multitude de romans malsains, exige au contraire de l'historien la vérité la plus absolue.

Pour me conformer à cette exigence du siècle, j'ai cru devoir, en écrivant cette vie populaire de Sainte Reine, écarter toutes les traditions et légendes relativement modernes pour ne reproduire que les faits rapportés par les actes anciens du martyre de Sainte Reine et les légendes les mieux appuyées par des monuments contemporains de la Sainte et encore existant. C'est ainsi que j'ai supprimé la généalogie de Clément et son titre de gouverneur d'Alise, la légende du lépreux qui trahit Sainte Reine aux Ormeaux, les flammes du château de Grignon et quelques autres légendes semblables parce qu'elle m'ont paru : ou contraires à la vérité (l'Occident n'a connu la lèpre qu'au temps des croisades), — ou aventureuses (comme la généalogie de Clément),

— ou trop peu prouvées, (comme les flammes partant de Grignon pour venir s'éteindre au-dessus de la Chapelle Sainte-Reine).

Les dévots de Sainte Reine me pardonneront ces suppressions, en faveur du respect que j'ai voulu imposer aux incrédules et aux raisonneurs de notre époque pour les faits certains de l'histoire de Sainte Reine et j'espère que la vérité toute nue ne nuira en rien à leur piété et à leur amour dévoué pour la *Patronne de l'Auxois*.

Alise-Sainte-Reine, 7 septembre 1879.

QUILLOT,

Curé de Sainte-Reine.

VIE DE SAINTE REINE

Notre-Seigneur avait dit à ses Apôtres : « Allez et enseignez toutes les nations, baptisez-les au nom du Père, du Fils et du Saint-Esprit. » Pour obéir à cet ordre, saint Jean, l'apôtre bien-aimé, s'en alla évangéliser l'Asie Mineure, et son successeur Saint Polycarpe envoya Saint Bénigne, Saint Andoche et Saint Thyrse dans les Gaules. L'histoire ne dit pas qu'ils aient porté la foi dans la ville d'Alise : elle nous les montre convertissant Saint Symphorien à Autun, les trois jumeaux à Langres et venant mourir : Saint Bénigne à Dijon, Saint Andoche à Saulieu.

Mais ils laissèrent des successeurs pour

continuer leur œuvre principalement à Autun et à Langres. Saint Amateur ou Amand est regardé comme le premier Evêque d'Autun; Saint Révérien, un de ses successeurs fut martyrisé vers l'an 273 sous Aurélien. Ce furent ces Evêques d'Autun, qui envoyèrent des Apôtres prêcher l'Evangile dans le pays des Mandubiens.

Sainte Reine, naquit à Alise, capitale des Mandubiens, vers l'an 270 (1) de Jésus-Christ : elle fut la fille unique d'un riche païen nommé Clément.

Des légendes anciennes et concordantes (2) ajoutent que Sainte Reine fut envoyée en nourrice dans une ferme à trois kilomètres de la ville, chez une chrétienne. La mère de Reine étant morte, Clément laissa sa fille chez la nourrice, qui devint comme la seconde mère de cette enfant. Chargée du soin de l'élever,

(1) Je ne sais pourquoi les historiens bénédictins la font naître en 238 et mourir sous Dèce en 253. Les actes de Sainte Reine disent qu'elle mourut à l'âge de quinze ans sous Maximien, qui persécuta l'Eglise en 286.

(2) Actes de Théophile et légendes bénédictines.

elle lui fit connaître le vrai Dieu et Jésus-Christ, son Fils, notre Rédempteur. Reine était chérie de Dieu et de tous ceux qui habitaient la maison où elle grandissait en âge et en sagesse. Elle se plaisait à conduire au paturage les brebis de sa nouvelle mère, en compagnie des autres jeunes filles et son bonheur était d'entendre le récit des combats des martyrs. L'enthousiasme du courage et du dévouement s'emparant de sa jeune âme, elle demandait à Dieu la grâce de marcher sur leurs traces, en méprisant les tourments et la mort, lorsqu'éclata la dixième persécution, qui devait verser des flots de sang.

Dioclétien s'était adjoint Maximien à l'empire et lui avait confié l'Occident. Maximien était fils d'un manouvrier de Pannonie (la Hongrie actuelle). Avec la bravoure d'un soldat barbare, il en avait aussi l'ignorance, la perfidie, la cruauté, mais surtout la brutale débauche (1).

Dioclétien et Maximien, qui voulaient se faire adorer comme des dieux, se flattèrent d'être

(1) Lactance (*De morte persec.*) cité par Rorhbacher livre XXX.

plus adroits et plus puissants que leurs prédécesseurs pour la destruction de la religion de Jésus-Christ. Ils attaquèrent les chrétiens à la fois dans tout l'Empire. Pendant que Saint Sébastien mourait à Rome, la légion Thébaine était égorgée en Suisse, l'Asie Mineure et l'Egypte peuplaient le ciel de martyrs, en Espagne, Saint Vincent et d'autres étaient foulés par les supplices et leur sang coulait comme le vin sous le pressoir. La Gaule ne put échapper à cette tempête. Déjà Saint Victor à Marseille, Saint Genès à Arles avaient rendu à Dieu le témoignage du sang, lorsqu'un lieutenant de Maximien, Olibrius, vint de Marseille à Alise, faisant souffrir les saints qu'il rencontrait sur sa route.

On croit qu'Olibrius venait d'Orient avec des troupes pour aider Maximien à soumettre les Bagaudes, peuples insurgés de la Gaule Belgique. Ce fut en sortant d'Alise pour aller en Belgique qu'il rencontra Reine avec ses compagnes aux trois ormeaux. Reine avait alors quinze ans (1). La nature l'avait com-

(1) Actes du martyre de Ste Reine.

blée de tous ses dons : la beauté et la noblesse de ses traits, la distinction de ses manières, la droiture et la gravité de ses pensées, la délicatesse et la bonté de son cœur, le courage de son âme et la douceur de son caractère lui donnaient un aimable empire sur son entourage. Elle était vraiment Reine des Cœurs, et en même temps la très-humble servante de Dieu car Dieu avait orné son âme de toutes les vertus qui font les saints (1).

Les jeunes filles, à la vue des soldats romains, s'enfuirent abandonnant leurs troupeaux et la tradition rapporte que Reine se cacha dans le tronc creux d'un des trois ormeaux (2). Il était trop tard ! Du haut de son char, Olibre, digne lieutenant de Maximien, l'avait aperçue, l'avait jugée remarquablement belle et, poussé, par ses mauvaises passions, il avait ordonné de la saisir.

(1) Portrait composé d'après les données des actes et des traditions anciennes.

(2) Les ormeaux étaient à 200 mètres environ de la route romaine qui descendait d'Alise et à la hauteur de sa trifurcation.

Pendant que les soldats venaient pour l'arrêter, Reine, mettant toute sa confiance en Dieu, priait dans sa cachette.

Lorsqu'elle parut devant le tyran, il lui demanda quelle était sa famille, son nom et sa profession. Elle répondit : « Je suis de famille libre, je m'appelle Reine et j'adore la Sainte Trinité. » L'impie préfet lui dit : « Tu appartiens donc au Galiléen ou Nazaréen ? — Je lui appartiens, dit Reine, si toutefois je suis digne de porter le nom de mon Seigneur Jésus-Christ, de me réfugier sous son ombre et d'être protégée comme sa servante. »

Olibre, qui ne s'attendait pas à trouver une chrétienne dans cette jeune fille et qui connaisait déjà la vertu et la fermeté des femmes chrétiennes, ne crut pas devoir essayer de la séduire en ce moment. Il ordonna de la conduire à la ville et de la tenir en prison jusqu'à son retour à Alise, voulant la juger publiquement.

Une très-ancienne tradition, complétant les actes de la Sainte, ajoute qu'elle fut confiée à son père, qui l'emmena dans sa maison de Grignon. Clément n'épargna rien pour la faire apostasier, car il se voyait déshonoré et ruiné par l'entêtement de sa fille. Il employa donc la douceur et la violence, la persuasion, la crainte et les supplices pour ramener sa fille au culte des idoles. « On ceignit le corps de Reine d'un gros anneau de fer. Une chaine de quarante-sept chaînons et longue de onze pieds, attachée aux deux extrémités d'un cachot, tenait la sainte debout nuit et jour, sans qu'elle put changer de situation. Cette chaine, l'un des plus rudes et des plus authentiques instruments de son martyre, à toujours été en grande vénération parmi les fidèles. Il est aisé de juger par la petite circonférence de l'anneau, qui entourait son corps, qu'il était délicat et peu capable de soutenir un tel tourment, si la grâce, qui l'animait, ne lui eût donné des forces pour le supporter ; mais tandis que son corps souffrait dans les fers, son esprit prenait un essor libre jusque dans le sein de Dieu (Ansart). » On montre encore aujourd'hui dans une tour ruinée du vieux chateau de Grignon un réduit que l'on appelle la prison de Sainte Reine et la chaîne se voit à l'église de Flavigny.

Le respect et la tendresse de Reine pour son père lui imposaient un tourment non moins grand que les supplices. Elle souffrait de ne pouvoir convertir son père, elle souffrait de ne pouvoir lui obéir : car il faut obéir à Dieu plutôt qu'aux hommes. De là une lutte pénible entre le père et sa fille : celle-ci employant toute sa douceur, toute la richesse de son affection filiale, toutes les ressources de son esprit et de la vérité pour ouvrir les yeux de son père à la connaissance du vrai Dieu ; celui-ci employant toutes les sévérités de la loi païenne, et les pouvoirs tyranniques de la paternité païenne pour forcer la volonté de sa fille à se soumettre aux erreurs idolatriques et sauvegarder ainsi ses richesses avec ce qu'il croyait être l'honneur de sa maison. Ni l'un ni l'autre ne fut vainqueur dans ce long combat de la vérité et de la charité contre les préjugés et les passions.

Cependant Olibre revint de Belgique couvert de lauriers et dans tout l'appareil d'un triomphateur. A son tour, il se flatta que Reine ne pourrait résister à l'éclat de sa gloire, à la crainte de sa puissance, à la volonté de ses dieux. S'imaginant que ses faux dieux étaient assez forts pour détruire la religion du Nazaréen, il leur offrit des sacrifices, puis s'asseyant en public devant le tribunal à Alise, il ordonna d'amener la jeune fille.

Dès qu'elle fut en sa présence, il lui dit : « Reconnais nos dieux, jeune fille, car ta beauté et ta faiblesse me touchent. Je te donnerai de grandes richesses et tu seras honorée plus que toutes tes compagnes ; autrement tu devras supporter les supplices les plus terribles, les plaies les plus cruelles ; le glaive et les flammes les plus violentes détruiront ton tendre corps. » Comme elle persévérait sans crainte à confesser Jésus-Christ, il la fit dépouiller de ses vêtements, attacher au chevalet et frapper avec des verges flexibles.

Reine ne sentait pas la douleur, mais, levant les yeux vers le ciel, elle disait : « J'ai mis mon espérance en vous, Seigneur, je ne serai pas confondue pendant l'éternité. » Pendant que ses membres délicats étaient frappés par les verges, son sang coulait à grands flots. La pitié s'emparant des assistants, ils pleuraient amèrement sur son sort et quelques-uns lui disaient : « O quelle beauté tu perds par ton incrédulité ! Consens et sacrifie pour sortir des tourments ! » Reine leur répondit : « O mauvais conseillers, ô conseils pervers ! Je ne consens pas, je ne sacrifie pas. Jésus-Christ est là qui me soutient. » Le juge irrité donna l'ordre de la déchirer avec des ongles de fer si cruellement que l'impie et barbare préfet ne put en supporter la vue. Il se détourna, se voilant la face avec le pan de sa chlamyde ; toute l'assemblée fondait en larmes en voyant ses chairs en lambeaux.

Alors le Préfet lui dit : « Qu'y a-t-il, Reine ? ne peux-tu avoir pitié de toi ? Ta chair est déchirée, tes membres sont devenus inutiles : consens à mes désirs et sacrifie ; car si tu ne m'obéis pas, tu ne peux sortir de là sans de grands tourments. » Comme elle méprisait ses conseils et le traitait de fou et de malheureux, il la fit détacher et renvoyer en prison.

Elle pria dans sa prison, demandant à Dieu de la soutenir dans le combat, et voilà qu'une colombe lui apparut, puis une croix qui, de la prison, s'élevait jusqu'au ciel, et la colombe se posant sur la croix lui dit : « Salut, Reine, ta prière répand un parfum suave : une couronne de gloire t'est préparée, le paradis est ouvert pour toi, tu y reposeras avec tes pères. » Reine, transportée de joie, se mit à glorifier le Seigneur.

Le matin elle fut de nouveau présentée au juge, et, comme elle refusait toujours de sacrifier aux Dieux, on lui ôta de nouveau ses vêtements, on l'attacha de nouveau au chevalet et on lui brula les flancs avec des lampes ardentes. Pendant ce supplice, Reine levait les yeux au ciel et disait : « J'ai passé par le feu et par l'eau et vous m'avez fait trouver le rafraichissement. » Alors l'impie Olibre fit apporter une cuve qu'il fit remplir d'eau ; il ordonna de descendre Reine du chevalet, de lui lier les mains et les pieds et de la jeter dans la cuve pour la noyer. Mes elle priait, disant : « Rompez mes liens, Seigneur, afin que je vous offre une victime de louange ; que cette eau devienne pour moi une eau de suavité ; que cette suffocation devienne pour moi une illumination de salut. » Après cette prière, ils la jetèrent dans la cuve pleine d'eau ; en même temps il se fit un grand tremblement de terre ; la colombe descendit du ciel tenant une couronne dans son bec ; les liens de la bienheureuse Reine se rompirent et elle sortit de l'eau, louant, bénissant Dieu et disant : « Le Seigneur a montré sa puissance, il est revêtu de beauté. Vous m'avez glorifiée, Seigneur Jésus, et vous m'avez sauvée ; vous avez eu pitié d'une pauvre fille, vous qui êtes béni avant tous les siècles. » Et l'on entendit comme la voix de la colombe qui disait : Viens, Reine, dans le repos du Christ, tu es bienheureuse, toi, qui as mérité cette couronne. A la vue de pareils prodiges, quatre-vingt-cinq personnes, tant hommes que femmes, se convertirent. Olibre furieux ordonna de trancher la tête à Reine ; on la conduisit hors de la ville et on la décapita.

Tel est le simple récit de la passion de Sainte Reine que nous ont conservé ses actes les plus anciens. Les légendes ajoutent que la tête de Sainte Reine en tombant fit jaillir une source.

« Voilà comment ce bel astre, qui avait

éclairé le pays d'Auxois des rayons de la foi, s'éclipsa le septième jour de septembre : c'est la fête principale de Sainte Reine (1). »

CULTE DE SAINTE REINE.

« Les chrétiens d'Alise, craignant la fureur du tyran et de ses suppôts, ne purent rendre tous les devoirs de piété au corps de Sainte Reine ; ils l'enterrèrent à la hâte, le plus secrètement qu'il leur fut possible, au même lieu de son martyre. On mit auprès du cercueil la chaîne de fer, qui avait servi à son supplice. L'atrocité des idolâtres et la pusillanimité des chrétiens furent cause que peu à peu on perdit presque la mémoire du vrai lieu où reposaient les reliques de Sainte Reine (2). » « Ce gage sacré ainsi caché dans les entrailles de la terre demeura presqu'inconnu jusqu'au moment où il fut révélé par

(1) Ansart : *Hist. de Ste. Reine et de l'Abbaye de Flavigny.*

(2) Ansart. id.

un grand nombre de miracles. Les prêtres levèrent de terre ce trésor ainsi retrouvé, le portèrent en grande pompe dans les murs d'Alise et le placèrent dans un sépulcre en pierres sur lequel on construisit une Eglise (1). »

La fête de cette invention du corps de Sainte Reine fut célébrée d'abord le 13 juillet sous le titre de fête de la révélation du corps de Sainte Reine, depuis longtemps elle est fixée au Dimanche de la Trinité.

Le corps de Sainte Reine fut retrouvé le 13 juillet, mais les chroniqueurs dans la joie de cette découverte ont oublié de nous indiquer l'année. Les historiens de Sainte Reine pensent que cet événement arriva vers l'an 400, et que le prêtre Senator, qui fut visité en 430 par Saint Germain d'Auxerre était gardien de la basilique construite sur le tombeau de la Sainte. Bientôt après, le prêtre gardien fut remplacé par des moines Bénédictins, qui construisirent une abbaye auprès de cette basilique.

(1) Office bénédictin de Sainte Reine.

En 722, Vidrade (1), grand seigneur, possesseur de soixante-dix-huit seigneuries, était abbé commendataire de cette abbaye. Vidrade est le fondateur de l'abbaye de Flavigny et s'il donna quelques terres à l'abbaye d'Alise. il réserva ses grandes générosités pour sa nouvelle fondation. Il se retira bientôt à Flavigny et les Bénédictins d'Alise ne tardèrent pas à quitter eux-mêmes les ruines d'Alise pour se réunir aux religieux de Flavigny, laissant la garde de la basilique et du tombeau de Sainte Reine à des clercs.

En 828, la basilique existait encore, car Pépin, roi d'Aquitaine, étant venu loger à Alise avec son armée (2), rendit la justice sous le portail de cette Eglise. Elle existait encore en 864, lorsque l'abbé Egil de Flavigny vint en procession avec ses religieux prendre les reliques de Sainte Reine pour les porter

(1) Vidrade, Uvidrade, Varé, Uvaré, fils de Corbon, guerrier de Charles Martel.

(2) Pépin marchait alors contre son père Louis-le-Débonnaire.

à Flavigny, où elles sont restées depuis cette époque.

D'après une tradition ancienne et respectable, Charlemagne aurait envoyé des reliques de Sainte Reine d'Alise à la cathédrale d'Osnabruck (Westphalie) qu'il venait de bâtir en 788, mais la plus grande partie du corps est à Flavigny.

Depuis la révélation du corps de Sainte Reine et la construction de la basilique, cette Sainte martyre devint célèbre par ses miracles. Le bréviaire de Flavigny, « qui aurait pu en rapporter un grand nombre, » dit Ansart, se contente d'en rappeler quelques-uns : entr'autres, celui d'un jeune milanais (1) qui, ayant passé la nuit dans la chapelle de Sainte Reine, se trouva délivré le matin d'une fièvre maligne. Un second fut fait en faveur d'un bourgeois de Reims, qui était étique. Dieu lui inspira le dessein de se transporter à Alise, il obtint sa guérison par l'attouchement du premier cercueil en bois de la Sainte.

(1) Milan en Italie ou Malain en Bourgogne.

Un jeune homme de la ville de Tossi en l'Auxerrois était aveugle, il passa la nuit sur le tombeau de Sainte Reine et fut guéri d'un œil.

Du reste, son tombeau était si célèbre que que l'on y venait se disculper par serment des crimes dont on était accusé, ce qui ne se pratiquait qu'aux sépulcres des plus insignes martyrs et dans ces circonstances le zèle de notre Sainte à punir les parjures lui acquit le surnom de *Juste :* c'est ainsi qu'elle est appelée dans un titre de l'empereur Lothaire, donné à Lucenay en Bourgogne, le 2 Décembre 840, et voici les preuves :

Au temps d'Apollinaire, abbé de Flavigny (803-816), Semenon, curé de Saint-Euphrône, cita en jugement un habitant d'Alise qui lui devait deux pièces de vin. L'accusé nia la dette ; on le condamna à lever la main devant le sépulcre de Sainte Reine. Prêtant donc serment sur ce vénérable tombeau, il prononça cette imprécation : « Je prie Sainte Reine de me rendre aveugle, s'il est vrai que je doive à Semenon ce qu'il me demande. » Et sur le champ, il perdit la vue en punition de son parjure.

En 828, Pépin, roi d'Aquitaine, se révolta contre son père Louis-le-débonnaire et se saisit d'Alise où il logea quelque temps tout proche de la basilique de Sainte-Reine. Un domestique de ce prince vola l'épée, le manteau et quelques autres hardes à un nommé Conrad, vassal de l'abbaye de Flavigny et les confia à un de ses camarades qui les cacha. Le lendemain le voleur accompagna son maître à la cour, où le serviteur de Flavigny l'accusa de vol. Ce débat se faisait sous le portail de l'église de notre Sainte et le criminel prit effrontément Sainte Reine à témoin de son innocence, mais aussitôt il tomba à la renverse avec son bouclier et sa lance. Il avoua alors son larcin et restitua, ce qui n'empêcha pas qu'il mourut le lendemain des suites de sa chute.

Pendant ces mêmes guerres, les troupes de cavalerie des fils de l'empereur Louis occupèrent tous les environs d'Alise, ce qui obligea les pauvres villageois à se retirer dans l'église de Sainte-Reine, comme dans un lieu d'asile et de sûreté, avec ce qu'ils avaient de plus cher et ce qui était nécessaire pour leur subsistance. Etant suivis de près par un grand nombre de cavaliers, le clergé et le peuple d'Alise se mit en prière. Une bonne vieille, nommée Gonze, se mit à frapper des mains le tombeau de Sainte Reine, comme pour la réveiller ; le diacre Leufroy, qui avait charge de ce sanctuaire comme trésorier ou sacristain, jetait des pierres sur ce même tombeau avec la même intention, Le premier soldat qui entra, après avoir enfoncé la porte, fut frappé de mort. Les autres enlevèrent les vivres des paysans, sans respect pour Dieu et sa vierge ; mais quand ils voulurent les emporter les cordes des sacs se rompirent, les sacs crevèrent et les chevaux eux-mêmes ou tombèrent expirants, ou épouvantés se sauvèrent. Ainsi les voleurs n'emportèrent que la honte (Brev. de Flavigny cité par D. Viole).

Après la translation du corps de Sainte Reine à Flavigny, la basilique vide cessa d'attirer les pèlerins et fut détruite sans doute par les Normands. En tout cas, elle tomba dans un tel oubli que l'on ne peut plus indiquer son emplacement avec quelque certitude, mais la dévotion à Sainte Reine resta fidèle au village d'Alise. Ce fut alors la fontaine Sainte-Reine, rappelant le lieu ou la sainte eut la tête tranchée, qui devint le centre du pèlerinage, le canal des grâces que Dieu accordait par l'intercession de la sainte martyre, l'agent merveilleux, la source quotidienne des guérisons miraculeuses de toute espèce de maladies.

De cette fontaine, les pèlerins se rendaient aux trois ormeaux pour vénérer le lieu de l'arrestation de Sainte Reine, à Grignon pour prier dans sa prison, à Flavigny pour baiser ses reliques.

La tradition des peuples n'a conservé que le souvenir de ces quatre lieux saints. En même temps qu'elle oubliait la basilique de Sainte-Reine, elle laissait également perdre la mémoire de l'emplacement de la maison de Clément et de la prison d'Alise au milieu des ruines de cette ville.

Les Bénédictins de Flavigny essayèrent de créer une nouvelle fête principale à la dévotion de Sainte Reine, en établissant une grande procession de ses reliques le 22 mars jour de leur translation à l'abbaye de Flavigny. Les peuples ne répondirent pas à leur appel, ils conservèrent la célébration de la première invention du corps de la Sainte le Dimanche de la Trinité et la grand fête du 7 septembre, jour de sa mort.

L'obstination des peuples et des pèlerins obligea les Bénédictins à transférer leur procession au Dimanche de la Trinité. Cette procession des reliques de Flavigny à Alise était solennelle. Tous les Curés dépendant de l'abbaye et ceux du voisinage étaient obligés de s'y trouver, selon l'ordonnance que Gauthier, Evêque d'Autun, donna en 1205 aux archiprêtres de Semur, de Touillon et de Frolois ; ordonnance confirmée par les Souverains Pontifes Innocent III, Grégoire IX et Alexandre IV. Ce fut dans cette procession que l'on commença la représentation du martyre de Sainte Reine ; on y avait ajouté les instruments de la passion de Notre-Seigneur Jésus-Christ, chef des martyrs. Mais dès lors existait une grande animosité entre Alise et Flavigny. Tous les hommes de Flavigny se mettaient sous les armes pour accompagner le trésor saint qu'ils avaient enlevé aux habitants d'Alise. Cette procession à travers plusieurs vicissitudes, se continua jusqu'à la révolution de 1793 ; elle visitait les trois ormeaux et se reposait à la fontaine Sainte-Reine.

Depuis longtemps il existait un autel contre la fontaine et l'on y offrait le saint sacrifice les jours de fête du pèlerinage. En 1500, cet autel fut transformé en chapelle par Julien Clerget, prêtre natif de Grignon, archidiacre de l'Evêque d'Autun. La source miraculeuse fut enfermée dans cette chapelle sans portail, close sur la rue par une grille en fer tout auprès de la fontaine. Cette chapelle, située dans les vignes de l'évêché d'Autun, fut agrandie deux fois dans le cours du XVIe siècle, mais resta toujours très-simple de construction. Elle avait deux chapelles latérales, trois autels et un petit clocher en forme de flèche. On l'avait bâtie avec les offrandes des pèlerins ; leur générosité et leur reconnaissance l'enrichit d'ornements et de statues. Outre sa grande statue en pierre, habillée en damas, en taffetas couleur de feu, en drap d'argent avec franges de dentelles et de faux or, Sainte Reine y avait deux autres statues sur l'autel principal ; elle y était représentée sur trois tableaux.

Après Julien Clerget, la chapelle Sainte Reine fut desservie par les vicaires d'Alise, sous la direction du Curé.

Mais le grand siècle de Sainte Reine fut le XVIIe siècle, et cependant il avait fort mal débuté. Une bande de brigands s'était cantonnée sur le mont Auxois, surveillant les pèlerins, attaquant les passants, rendant la chapelle Sainte-Reine inabordable. Le pèlerinage était menacé dans son existence, la situation des habitants d'Alise était devenue intolérable. Ils se réunirent en 1630, sous la conduite de leur Curé J. B. Cadioux et attaquèrent la bande : quatorze brigands furent tués, les autres dispersés ou emmenés à la chaine et le pèlerinage reprit avec une nouvelle ferveur (1). Sainte Reine multiplia ses

(1) Archives de l'Evêché d'Autun. Voir M. Pignot : *Un Evêque réformateur au XVIIe siècle.*

guérisons et les pèlerins accoururent par milliers.

Le Curé d'Alise et ses vicaires, même en se faisant aider par les Curés voisins, devinrent insuffisants pour satisfaire aux besoins spirituels des pèlerins. On exigeait alors de ceux-ci des certificats constatant qu'avant leur départ ils s'étaient longtemps exercés à diverses sortes de bonnes œuvres, comme le jeûne, l'aumône, la prière. Il fallait en outre surveiller la fontaine et les bains, réciter des évangiles. Mais l'administration des sacrements aux pèlerins et aux malades était surtout absorbante et méritoire, le cœur se soulevait à l'approche de ces « pauvres accablés de maladies horribles et infectes, de maux étranges, qui les rendaient comme des personnes expirantes, des squelettes décharnés. » (G. de Roquette, mand. du 25 oct. 1667.) Le besoin d'une communauté religieuse se faisait donc sentir.

Les habitants d'Alise appelèrent de Dijon les Franciscains de la stricte observance, et ces religieux recommandés par Anne d'Autriche, protégés par le Duc de Longueville, obtinrent en 1644 l'autorisation de l'Evêque d'Autun pour construire un couvent tout près de la fontaine Sainte-Reine ; en même temps l'Evêque les chargeait de la desserte de la chapelle et du pèlerinage.

Par cette décision de l'Evêque, le curé d'Alise et ses vicaires non-seulement manquèrent d'occupation, mais n'avaient plus de quoi vivre. De là des tiraillements qui durèrent quarante ans et qui se terminèrent par la suppression des vicaires et un accord entre le curé et les religieux. Il y eut en moyenne quinze Franciscains ou Cordeliers, comme les appelaient les habitants, dans la maison de Sainte Reine, et ce nombre n'eut rien d'exagéré, car, selon le témoignage de M. Duperron, curé d'Alise, il fallut bientôt sept à huit prêtres en été et quatre ou cinq en hiver pour suffire aux besoins des pèlerins. « Sans parler d'une infinité d'âmes, dit Ansart (p. 67), dont Dieu seul connaît le nombre, qui se vouent dans le secret de leur famille au culte de Sainte Reine, il n'est guère de jour, outre l'affluence du monde qu'attirent les deux grandes solennités de l'année, que l'on ne voie des pèlerins de toute espèce visiter ces saints lieux. »

En effet, la présence de cette communauté active imprima une nouvelle et forte impulsion au pèlerinage de Sainte Reine. Louis Doni d'Atichy, Evêque d'Autun, pouvait dire en 1660 que « dix à douze mille pauvres pèlerins malades abordent à Alise au jour de la fête de Sainte Reine, de la France, voire des nations étrangères (1), à cause des secours et guérisons miraculeuses que Dieu opère journellement en eux, tant au corps qu'en l'âme, par les prières et intercessions de la glorieuse vierge et martyre Sainte Reine, qui est particulièrement honorée en sa chapelle scize audit bourg, d'où, comme du lieu de son martyre et de sa sépulture, elle jette des rayons de ses miracles et embaume tout le diocèse des parfums précieux de sa sainteté. »

Le même Evêque, témoin étonné de la

(1) Voir dans le *Pèlerin de Sainte-Reine* par M. Tridon : les droits chemins pour venir à Sainte-Reine en Bourgogne : 1° De Venise et Milan à Sainte-Reine, 2° de Turin à Sainte-Reine, etc... tirés d'un vieil imprimé in-32.

gloire de notre Sainte, approuvait l'année précédente le petit office de Sainte Reine, avec les Litanies et Oraisons dévotes de la même sainte, « le tout, dit-il, tiré des légendes anciennes. » Et le premier février même année 1659, il rendit un décret pour faire chômer la fête de Sainte Reine dans l'Auxois et les archiprêtrés de Touillon et de Duesme : accordant 40 jours d'indulgences à ceux qui visiteraient l'église d'Alise en ce jour. C'est dans ce décret que l'évêque déclare (**Sainte Reine Patronne et Protectrice du pays d'Auxois**)

En 1663, le même évêque affirme que « plus de vingt-mille pauvres viennent chaque année à Sainte-Reine où ils reçoivent quantité de secours extraordinaires et guérisons miraculeuses tant au corps qu'en l'âme, que Dieu opère journellement par l'intercession de Sainte Reine et l'usage salutaire des eaux de la fontaine. » Parmi les maladies guéries, Mgr d'Atichy mentionne les hydropisies, dartres, teignes, ulcères, gravelles, gales invétérées, surdités et autres. « Nous serions infinis, dit l'historien Ansart (p. 41), si nous voulions ramasser tous les miracles, compulser les registres, les procès-verbaux que nous avons lus et les différentes lettres qui sont tombées sous nos mains : chacun s'explique à sa façon dans toutes ces pièces, mais toutes rendent, avec une candeur admirable, gloire à Dieu et à Sainte Reine des bienfaits qu'ils ont reçus par son intercession. »

La révolution de 93 à perdu ou égaré toutes ces pièces.

Il avait fallu une communauté religieuse pour subvenir aux besoins spirituels de pareilles multitudes, il fallait un hôpital pour subvenir à leurs besoins corporels.

Les pèlerins ne trouvaient alors qu'une pauvre grange pour leur servir d'abri. La construction de la chapelle Sainte-Reine, et surtout la construction du couvent des Franciscains ou Cordeliers, avaient entrainé après elles, une foule de constructions particulières : boutiques dépendant de la chapelle, auberges et fabriques de toutes sortes d'objets pieux, au point que le quartier de la chapelle forma un nouveau village qui prit le nom de *Bourg de Sainte-Reine,* quoique ne formant qu'une seule paroisse et commune avec l'ancien Alise. Mais les propriétaires de ces hôtels étaient des commerçants, qui fournissaient des vivres et un abri en payant. Les pauvres, surtout à cause de leur grand nombre et de la petitesse du lieu, restaient forcément abandonnés. D'autres, ayant épuisé leurs forces à la suite d'un long voyage, mouraient au bord des chemins, sous les buissons, sans que personne vînt en aide à leur détresse. Une personne digne de foi, assurait vers cette époque, à l'évêque d'Autun, avoir vu plus de trois cents de ces malheureux succomber de fatigue, de faim, de froid et de maladie. Plusieurs furent dévorés vivants par des bandes de loups contre lesquels ils n'avaient pas la force de se défendre (Lereuil : *Fond. de l'hosp. de Ste. Reine,* — Pignot : *Un Ev. reform. au XVIIe siècle.* — Gab. de Roquette : *Mand. du 25 oct. 1667)*,

Un aussi triste spectacle fit naître dans l'âme de deux pèlerins la pensée de construire un hôpital à Sainte-Reine

Jean Desnoyers, ancien cuisinier du maréchal de la Meilleraye et Pierre Blondel, ancien cordonnier, tous deux demeurant à Paris formèrent ce projet en retournant de Sainte-Reine à Paris. Ils s'en ouvrirent à S. Vincent de Paul qui approuva leur dessein et ils se mirent à la besogne avec 10, 000 l., c'est-à-dire toute leur fortune. Ils en dépensèrent plus de cent mille en quelques années, mais S. Vincent de Paul fut leur providence. Pendant les deux dernières années de sa vie, il intéressa les puissants et les riches à cette œuvre, les dons affluèrent. Non-seulement l'hôpital fut construit, mais Jean Desnoyers, acheta la terre et Seigneurie des Laumes pour la somme de 40, 000 l. Jean Desnoyers, Pierre Blondel, l'Abbé d'Alençon, J. B. Arnoulet et Elizée de Grignon seigneur des Renardières étaient venus le 12 mai 1659 à Sainte-Reine se consacrer au service des pauvres, — en 1666, la chapelle, les deux salles principales de la maison étaient terminées (1); celle des hommes contenait quatorze lits, et celle des femmes huit. Les malades qui se trouvaient en plus grand nombre couchaient

(1) Le bâtiment qui avance jusque sur la rue.

sur des paillasses déposées sur le plancher. On les recevait sans distinction de pays, de nation et quelle que fût leur maladie, à l'exception de ceux qui étaient atteints de la peste. Ils étaient logés et nourris à l'hôpital jusqu'à parfaite guérison. On renvoyait au bout d'un mois ceux qui étaient reconnus incurables. Ceux qui n'étaient que fatigués par le voyage pouvaient y coucher pendant neuf jours, s'il y avait place vacante. A peu de distance de là s'élevait un autre bâtiment (1) destiné à abriter les pèlerins valides. On leur distribuait tous les soirs, après le catéchisme que leur enseignait un chapelain, « une écuellée de bon potage. » Ceux qui commettaient quelqu'insolence pouvaient être châtiés ou expulsés (Pignot).

Les cinq fondateurs administrateurs servaient les hommes ; Catherine Quesnel, femme de Jean Desnoyers, avec quelques autres filles pieuses, servait les femmes, mais elle mourut bientôt et ses filles servantes furent

(1) S. Louis ou le bâtiment actuel des galeux.

remplacées par les sœurs de la charité de S. Vincent de Paul (1666).

Anne d'Autriche, mère de Louis XIV, avait une grande dévotion à Sainte Reine. Après avoir favorisé l'établissement des Pères Cordeliers, elle donnait 1000 fr. par an à l'hôpital et procura une relique de Sainte Reine à la chapelle du même hôpital. Elle aurait voulu entreprendre un pèlerinage à Sainte-Reine pour obtenir sa guérison. La maladie, dont elle mourut, l'en empêchant, elle fit venir à Paris de l'eau de la fontaine miraculeuse et cet exemple fut bientôt suivi.

« Stanislas, roi de Pologne, le duc de Randan, le cardinal de Tencin, le maréchal de Saxe n'en buvaient pas d'autre (1). » Le poëte Racine écrivait à Boileau qu'il buvait de l'eau de Sainte-Reine et qu'il s'en trouvait fort bien. Bientôt après, on vint la boire sur les lieux. Casimir, roi de Pologne, habita Sainte-Reine pendant un mois en 1772 (2). La princesse de Conti vint aussi faire une saison

(1) Courtépée, art. Ste Reine.

(2) La maison Godard, aujourd'hui Morey.

d'eau et employa ses loisirs à servir les pauvres de l'hôpital. La reine, femme de Louis XIV, forma un projet de voyage à Sainte-Reine. Le voyage à Sainte-Reine devint une mode : les riches, les grandes dames de France et surtout de Paris affluèrent pendant la belle saison et formèrent un pèlerinage d'une nouvelle espèce (1).

Ce fut alors que le pèlerinage de Sainte-Reine fut à son plus haut degré de splendeur. Ce fut alors que l'on put comparer la marche des pèlerins à la marche d'une grande armée (2). Car l'Evêque d'Autun, Gabriel de Roquette, dans un mandement de 1670, affirme que soixante-mille pauvres venaient annuellement à Sainte-Reine, « dont beaucoup s'en retournent guéris par l'intercession de cette sainte, vierge et martyre et par la bénédiction que Dieu donne aux eaux merveilleuses qui se trouvent dans sa chapelle. » Quelques années plus tard, le même Evêque

(1) Voyez : *Lettres de Bussy-Rabutin.*

(2) Parole d'Aimar Fulco au sujet des visites au monastère de S. Antoine (citée par Ansart, Préface).

portera à soixante-dix mille le nombre annuel des pèlerins de Sainte-Reine. Ce fut alors aussi que les Administrateurs de l'hôpital de Sainte-Reine purent dire de cet établissement, qu'il était comme *la décharge des hôpitaux de Paris,* et pour ainsi dire L'HOPITAL GÉNÉRAL DE TOUT LE ROYAUME.

Tout n'était pas saint dans ces grandes foules. Comme toujours, les filous, les filles de joie, les chevaliers d'industrie se mêlaient aux pèlerins et amenaient des désordres, causaient des scandales que l'Evêque d'Autun et les échevins de Sainte-Reine avaient de la peine à réprimer et à prévenir.

XVIIIe siècle. —Les dernières guerres de Louis XIV et la surcharge des impôts, en épuisant la France, en augmentant la misère avaient multiplié les vagabonds et les fainéants. Il fallut faire des édits contre eux (1719).

D'autre part, l'esprit chrétien du gouvernement de Louis XIV avait disparu au temps de la Régence. Bientôt ces édits contre la mendicité furent appliqués aux pèlerins, traités de vagabonds et de fainéants, et ce fut la cause principale de la décadence du pèlerinage de Sainte-Reine. En 1764, d'après un Evêque d'Autun, on ne comptait plus que six cents pèlerins à la procession de la Trinité et douze à quinze cents à la fête de Sainte Reine. Ces chiffres se conservèrent jusqu'à la révolution de 1793. L'ancienne chapelle de Sainte-Reine qui tombait en ruines, fut démolie en 1739 et l'église des Cordeliers la remplaça.

La révolution respecta l'hôpital, mais chassa les Cordeliers, malgré l'opposition des habitants et vendit leur couvent et leur église (1). Le comité révolutionnaire s'empara également des cloches et des châsses précieuses qui contenaient les reliques. Le beffroi des Cordeliers renfermait sept cloches. Les habitants de Sainte-Reine parlent encore de cette

(1) L'acquéreur, qui n'était pas de Sainte-Reine, démolit le couvent et vendit les matériaux pour les travaux de construction du canal de Bourgogne. Il ne laissa debout que l'église et les substructions : voûtes et caves. Ce pauvre malheureux n'en fut pas plus riche : on le vit longtemps demander son pain aux portes des habitants d'Alise-Sainte-Reine et il mourut à l'hôpital.

merveilleuse sonnerie, qui se faisait entendre à tout instant pour la fête de la Trinité, pour la fête de Sainte Reine et pendant toute l'octave. L'hôpital perdit aussi ses reliquaires et particulièrement le buste en argent, monté sur un socle en ébène, qui contenait le métacarpe de Sainte Reine, donné en 1665 par les Bénédictins de Flavigny à Anne d'Autriche et envoyé la même année enchassé à l'hôpital de Sainte-Reine par la même reine. Au moins, la révolution respecta les reliques et l'hôpital les a conservées (1).

Le XIXe siècle en France pourrait s'appeler un siècle de reconstruction chrétienne. Le dix-huitième avait démoli et détruit, le dix-neuvième reconstruit, lentement, il est vrai car il faut encore lutter contre l'esprit impie et matérialiste du siècle précédent, mais enfin il reconstruit.

Après la tourmente révolutionnaire, le Curé d'Alise et les habitants reprirent aussitôt

(1) La plus grande partie des reliques conservées au trésor de la chapelle de l'hôpital et portées aux processions de Sainte Reine, viennent de l'église des Cordeliers.

la grande procession du 7 septembre et la procession des reliques le jour de la Trinité. La représentation du martyre de la sainte (Tragédie Ternet, édition de Dole) ne fut pas oubliée.

Les offices du 7 septembre se célébraient chaque année dans la chapelle des Cordeliers, quoique propriété privée, lorsque la foudre tomba sur le clocher de cette église (1820 à 1830) et y alluma un incendie qui dévora l'ancien chœur des religieux et fit tomber la tour du clocher. L'incendie ne respecta que le grand crucifix que l'on voit aujourd'hui à l'église paroissiale : cette conservation fut alors regardée comme miraculeuse. Il ne resta debout que la chapelle publique. Cet événement ayant obligé le nouveau propriétaire Jacob à faire une vente de meubles, M. Thomas, Curé de Sainte-Reine depuis la révolution et octogénaire, laissa sortir ces meubles de sa paroisse pour aller enrichir les églises voisines. Il n'hérita que du grand crucifix, dont nous venons de parler, acheté 60 f. par Mme Moreau. La boiserie du chœur et le pupitre s'en allèrent à Bussy-le-Grand, l'horloge à Venarey.

Cependant la Côte-d'or, la Bresse, le Nivernais continuaient d'envoyer leurs pèlerins. Aux approches du 7 septembre les routes se couvraient de dévots à Sainte Reine, venant à pied, récitant leur chapelet et chantant des cantiques pour charmer la longueur du chemin. La révolution de 1830, le nouveau souffle d'impiété et de matérialisme qui a saturé la France depuis ce moment, n'ont pas laissé de successeurs à ces vieux pèlerins.

La fête de Sainte Reine, les processions se continuaient chaque année, mais sans dévotion, la fête civile d'Alise-Sainte-Reine, avec ses jeux, ses bals, ses réjouissances, menaçait de l'emporter sur la fête religieuse et de l'étouffer, lorsque M. Parizot curé de Sainte-Reine, témoin attristé de cette décadence, eut l'heureuse inspiration d'appeler un missionnaire de Troyes, un ardent dévot à Sainte Reine pour prêcher une retraite préparatoire à la fête. M. Tridon s'y dévoua corps et âme, revint plusieurs années de suite et obtint un magnifique succès.

Aidé par quelques chrétiens dévoués, il vit la procession se relever, se faire admirer et attirer une foule que l'on put évaluer à cinq mille personnes. La coutume de prêcher aux trois ormeaux ne date que de cette époque. — De plus, les restes de la chapelle des Cordeliers menaçaient ruine et leur propriétaire Jacob en avait déjà commencé la démolition, lorsque M. Tridon eut la pensée de les racheter. La commune et l'église paroissiale étaient pauvres, il institua un comité chargé de faire des quêtes, de recevoir des souscriptions. M. Jacob céda sa propriété de la chapelle, de la fontaine Sainte-Reine et de la place qui les réunit pour la modique somme de 600 f. Un de ses fils et héritiers, Louis Jacob, fit remise de la somme de 100 fr. qui lui revenait sur ce prix et laissa à cette chapelle un calice, la boiserie du chœur et la grande armoire en chêne sculpté de l'anciennne sacristie des Cordeliers. De son côté, le comité refit la toiture, la voûte et rétablit cette chapelle telle qu'on la voit aujourd'hui. Il ne lui manque plus qu'un beau portail surmonté d'un clocher. Napoléon III étant venu à Alise-Sainte-Reine à l'occasion des fouilles faites pour retrouver les fossés de César et de l'inauguration de la statue de Vercingétorix, donna 500 f. au comité pour cette restauration.

M. Tridon avait commencé son œuvre en 1853, comme il le dit lui-même dans son : *Pèlerin de Sainte-Reine,* il la termina en 1856.

Depuis cette époque, la fête religieuse de Sainte Reine s'est soutenue. La dévotion à la sainte martyre n'est pas morte. Parmi les quatre ou cinq mille personnes qui assistent à la procession du 7 septembre, il y a sans doute bien des curieux, mais il y en a aussi beaucoup qui viennent demander des grâces à Sainte Reine et Sainte Reine les exauce. On parle encore à Alise d'un pauvre boiteux qui laissa ses béquilles après guérison il y a quelques années seulement. En 1877, une grande dame malade, une marquise, en passant aux Laumes pour se rendre à Paris eut la pensée de prier Sainte Reine et se trouva guérie en arrivant à Paris. En la même année une personne du Chatillonnais écrivait que Sainte Reine avait deux fois guéri sa mère et demandait des prières pour un malade qui n'avait plus d'autre espoir de guérison.

La paroisse d'Alise-Sainte-Reine est en possession de trois reliques de Sainte Reine. Deux d'entr'elles viennent de l'évêché de Dijon, c'est-à-dire de Flavigny : la première obtenue par M. l'abbé Brenot (1) est à la paroisse ; la seconde, enfermée dans un beau reliquaire en bronze doré, donné par M. l'abbé Guéneau (2), est à la chapelle Sainte-Reine. La troisième est le métacarpe donné en 1665 à l'hôpital Sainte-Reine par Anne d'Autriche, mère de Louis XIV, qui l'avait reçu de Flavigny. Son reliquaire en argent a été volé pendant la révolution, il est remplacé par un buste en bois doré que l'on porte à la procession du 7 septembre.

La chapelle de l'Hôpital fut bâtie sur le plan approuvé par S. Vincent de Paul. Outre son trésor de reliques, elle offre encore au pèlerin et au curieux une série de tableaux représentant toute la vie de Sainte Reine.

(1) L'abbé Brenot de Sainte-Reine, diacre, sacristain de la cathédrale de Dijon.

(2) L'abbé Gueneau de Sainte-Reine alors curé de Braux.

Ces tableaux, dont l'un porte la date de 1621, lui viennent de la riche confrérie de Sainte-Reine de la paroisse Saint-Eustache de Paris.

Cette confrérie les fit peindre pour servir de modèle, aux tapisseries dont elle couvrit les murs de sa chapelle.

En 1614, le curé d'Alise, avait obtenu du Pape Paul V la confirmation de la confrérie de Sainte-Reine à Alise, confrérie qui fut recommandée dans les diocèses d'Autun, de Chalons-sur-Saône, de Lyon, de Troyes et de Langres. Le souverain Pontife Léon XIII vient, par un bref du 2 aout 1878, de renouveler cette confrérie avec les mêmes indulgences, savoir : Une *indulgence plénière* aux conditions ordinaires le jour de l'entrée dans la confrérie, — une autre *indulgence plénière* chaque année le jour de la fête de Sainte Reine ou un jour de l'octave, — une troisième *indulgence plénière* à l'article de la mort ; — des *indulgences de sept ans et sept quarantaines,* les jours de la Sainte Trinité, de la Toussaint, de Noël et le 19 juillet, fête de S. Vincent de Paul. Et enfin des *indulgences de soixante jours,* toutes les fois qu'on accomplit quelque œuvre de piété et de charité. L'ancienne confrérie depuis la révolution n'existait plus. La nouvelle confrérie annoncée le 7 septembre 1878 fut accueillie avec une grande faveur. Les pèlerins de Sainte Reine ont compris que c'était un honneur et une richesse de s'enrôler sous la bannière de Sainte Reine, ainsi que le T. R. P. Jouin, prieurs des Dominicains de Flavigny, prédicateur de la fête, le proclama et développa dans un magnifique langage.

La fête de Sainte Reine se célèbre le Dimanche qui suit le sept septembre.

Le samedi soir on joue en plein air la tragédie de Sainte Reine (1).

Le dimanche, grand'messe à 10 heures à

(1) Les pèlerins se plaignaient souvent de ne plus trouver dans le commerce l'ancienne tragédie de Sainte Reine. En 1878 parut une première édition d'une nouvelle tragédie en trois actes et en vers, composée par un jeune poëte de talent. Cette tragédie, par la noblesse et la pureté de son style, par l'observation des règles de la composition, par la dignité des pensées et des sentiments, par son intérêt dramatique fera oublier l'ancienne,

la chapelle et vénération des reliques de la Sainte.

A 2 heures après midi, la grande procession, suivie du salut et bénédiction du saint-Sacrement à la chapelle de l'hôpital.

Voici l'ordre actuel de cette procession :

PRÉLUDE

LE PAGANISME.

Suisse, tambours et sapeurs pompiers ouvrant la marche.

Quatre porte-enseignes précédant Olibre.

Olibre, proconsul romain, persécuteur de Sainte Reine, accompagné de Clément, père de la sainte (païen) et son complice.

Sénateurs romains et suite d'Olibre.

dont elle a conservé le titre : *Martyre de Sainte Reine.* — Dans le même temps Mme Edmée Roland en publiait une autre sous le titre de *Regina.*

CORPS DE LA PROCESSION

LE CHRISTIANISME.

1re Section. — Sainte Reine avant son martyre.

Bannière de la Sainte Vierge.

Statue de la Sainte Vierge portée par deux jeunes filles.

De chaque côté flottent les étendards aux couleurs de Marie.

Sainte Reine enfant, conduite par sa nourrice et son père nourricier.

Sainte Reine bergère et sa compagne.

Sainte Reine méditant (écharpe bleue) escortée de deux gardes romains.

2e Section. — Sainte Reine pendant son martyre.

Grande et vieille bannière de Sainte Reine.

Relique de S. Etienne, premier martyr.

1ère Suite de reliques très-précieuses, portées chacune sur un brancard orné par deux jeunes filles en blanc et précédées d'un étendard indiquant le sujet de chaque relique.

Grand étendard avec devise.

Ange portant une croix surmontée d'une colombe, rappelant celle qui apparut à Sainte Reine dans sa prison.

Sainte Reine martyre (manteau rouge), enchainée et conduite par deux licteurs romains.

Deux bourreaux habillés de rouge et la face voilée la suivent.

2e suite de reliques portées et accompagnées comme les précédentes.

3e Section. — Sainte Reine après son martyre.

Grand étendard du Sacré-Cœur.

Enfants de chœur portant les trois flambeaux.

La belle et précieuse relique de Sainte Reine portée par deux ecclésiastiques en dalmatiques.

Sainte Reine triomphante (manteau blanc

et or) : elle porte la palme du martyre et du triomphe, elle est accompagnée d'anges et escortée de deux gardes d'honneur.

CONCLUSION

HONNEURS RENDUS A SAINTE REINE SUR LA TERRE.

Croix processionnelle accompagnée de deux acolytes.

Chantres en chape et clergé précédant l'officiant, qui tient à la main une relique de la vraie croix, ou une relique de Sainte Reine.

Escorte de la compagnie des sapeurs pompiers.

Ensuite, la municipalité, les notables d'Alise-Sainte-Reine et la suite du peuple et des pèlerins.

CANTIQUE DE SAINTE REINE.

I

Voici le jour de l'allégresse,
Encore une hymne de bonheur :
Accourez pieuse jeunesse,
Chantez un cantique au Seigneur.
C'est lui qui fait régner les anges
Et tous les saints qui sont aux cieux ;
C'est à lui que vont les louanges (bis)
De la patronne de ces lieux.

II

Mon Dieu, si vous êtes aimable,
Dans chaque œuvre de votre amour
Combien vous êtes admirable,
Dans la Reine de ce beau jour,
Oui, votre sagesse divine
Cache des trésors inconnus.
Il n'est point d'homme qui devine (bis)
Comment vous trouvez vos élus.

III

En ces temps-là dans notre France
Seigneur ! vous étiez sans autels,
Et les parfums de l'innocence
Etaient inconnus des mortels.
Partout se dressait une idole,
L'encens brûlait pour de faux dieux ;
Mais, jeune enfant de votre école, (bis)
Au vrai Dieu Reine offrait ses vœux.

IV

Seigneur, vous donnez la pâture
Aux petits oiseaux dans les champs,
De la même main qui mesure
Le lait pour les petits enfants.
Dès son berceau, tendre orpheline,
Reine était sans mère au réveil ;
Mais, Seigneur, votre main divine (bis)
Protégeait son léger sommeil.

V

Encor dans sa première enfance,
Un jour elle dit au Seigneur :
« Vous connaissez mon innocence,
« Gardez en moi sa tendre fleur !
« Soyez, ô Dieu, mon héritage,
« Nourrissez-moi de votre amour :

« Je ne veux que vous en partage (bis)
« Que vous jusqu'à mon dernier jour. »

VI

Et, comme un palmier solitaire
Planté sur le courant des eaux
A chaque été donne à la terre
Et des fleurs et des fruits nouveaux :
Au fond du palais de son père,
Reine ainsi croissait chaque jour,
Dans les ombres d'un saint mystère (bis)
Vivant d'innocence et d'amour.

VII

Souvent le lis qui vient d'éclore
Dans la fraicheur d'un beau printemps,
Au soir de sa première aurore
Tombe sous la main des méchants :
L'enfer, jaloux de l'innocence,
A la vierge offrit ses appas ;
Mais Reine avait son espérance (bis)
Au Dieu puissant dans les combats.

VIII

En vain le trépas la menace
De tout le poids de sa fureur,
La vierge, qu'anime la grâce
Ne sent que grandir son ardeur ;

Jusque sous la main paternelle,
Elle combat pour le Seigneur ;
Les chaînes ne sont rien pour elle (bis)
Quand l'époux divin a son cœur.

IX

L'enfer la dépouille et l'attache,
Les tyrans arment leur courroux,
Et la jeune vierge, sans tache,
Tombe, expirante sous leurs coups ;
Mais, quand la croix est notre école,
Que sont la douleur et les maux !
Et, quand c'est Jésus qui console, (bis)
Que peut la fureur des bourreaux?

X

De ses tyrans victorieuse,
Reine dormait dans les cachots,
Lorsqu'une croix mystérieuse
Parut pour adoucir ses maux :
Une colombe aux blanches ailes
Du ciel descendit à ses yeux,
Montrant les palmes immortelles (bis)
Que les martyrs ont dans les cieux.

XI

Au jour suivant, la vierge encore
Souffrit les ongles et les feux :

Mais ce fut sa plus belle aurore
Et de ses jours le plus heureux ;
Car ce jour là les cieux s'ouvrirent.
On vit l'éclat de l'Eternel,
Et les colombes descendirent (bis)
Pour enlever son âme au Ciel.

XII

Ah ! qui nous prêtera des ailes
Afin de voler aussi, nous,
Vers les collines éternelles,
Nous reposer, Seigneur, en vous !
Depuis longtemps notre âme est lasse
Et ne repose en aucun lieu.
Elle n'a plus ici sa place (bis)
Et voudrait aller vers son Dieu.

XIII

O vous, qui régnez près des anges,
Au milieu des vierges des cieux,
Mêlez nos noms à vos louanges,
Douce patronne de ces lieux !
Afin qu'au soir de notre vie,
Nous allions régner avec vous.
Ah ! dans la céleste patrie, (bis)
Reine, priez, priez pour nous !

LITANIÆ SANCTÆ REGINÆ

Kyrie, eleison.
Christe, eleison.
Kyrie, eleison.
Christe, audi nos.
Christe, exaudi nos.
Pater de cœlis Deus, miserere nobis.

Fili redemptor mundi Deus, miserere nobis.

Spiritus Sancte Deus, miserere nobis.

Sancta Trinitas, unus Deus, miserere nobis.

Sancta Maria, mater Dei, ora pro nobis.

Sancta Regina, ora pro nobis.
Regina, virgo nobilis genere, nobilior fide,

Regina, virgo mundi contemptrix,
Regina, sponsa Christi formosissima,
Regina, lumen Burgundiæ,

ora pro nobis

LITANIES DE SAINTE REINE

Seigneur, ayez pitié de nous.
Christ, ayez pitié de nous.
Seigneur, ayez pitié de nous.
Christ, écoutez-nous.
Christ, exaucez-nous.
Père céleste, qui êtes Dieu, ayez pitié de nous.
Fils de Dieu rédempteur du monde, ayez pitié de nous.
Esprit-Saint, qui êtes Dieu, ayez pitié de nous.
Trinité sainte, qui êtes un seul Dieu, ayez pitié de nous.
Sainte Marie, mère de Dieu, priez pour nous.
Sainte Reine, priez pour nous.
Reine, vierge noble par votre origine, plus noble par votre foi,
Reine, vierge qui avez méprisé le monde,
Reine, épouse toute belle de Jésus-Christ,
Reine, lumière de Bourgogne,

priez pour nous

Regina, Alixiæ civis et patrona,
Regina, prodigiis admiranda,
Regina, salus ægrotantium,
Regina, curatrix vulnerum,
Regina, catenis constricta,
Regina, in carcerem detrusa,
Regina, flagellis cœsa,
Regina, a Deo confortata,
Regina, flammis exusta,
Regina, aquis frigidis et fœtidis immersa,
Regina, in tormentis coronata,
Regina, gladio percussa,
Regina, ab angelis in cœlum delata,

ora pro nobis

Agnus Dei qui tollis peccata mundi, parce nobis Domine.

Agnus Dei qui tollis peccata mundi, exaudi nos Domine.

Agnus Dei qui tollis peccata mundi, miserere nobis.

Christe, audi nos.

Christe, exaudi nos.

℣. Ora pro nobis, beata virgo et martyr Regina;

℟. Ut digni efficiamur promissionibus Christi.

Reine, patronne d'Alise notre patrie,
Reine, admirable par vos prodiges,
Reine, santé des malades,
Reine, guérison des blessés,
Reine, chargée de chaines,
Reine, prisonnière,
Reine, battue de verges,
Reine, par Dieu fortifiée,
Reine, brulée par les flammes,
Reine, plongée dans une eau fétide et glacée,
Reine, couronnée dans les tourments,
Reine, frappée du glaive,
Reine, portée au Ciel par les anges,
priez pour nous

Agneau de Dieu, qui effacez les péchés du monde, pardonnez-nous Seigneur.
Agneau de Dieu, qui effacez les péchés du monde, exaucez-nous Seigneur.
Agneau de Dieu, qui effacez les péchés du monde, ayez pitié de nous.
Christ, écoutez-nous.
Christ, exaucez-nous.

℣. Priez pour nous, bienheureuse Reine, vierge et martyre.

℟. Afin que nous devenions dignes des promesses de Jésus-Christ.

OREMUS.

Omnipotens sempiterne Deus, qui nos beatæ Reginæ virginis et martyris, confessione inclyta circumdas et protegis, præsta nobis ejus imitatione proficere et oratione muniri, ut ipsius semper adjuvemur meritis, cujus instruimur exemplis. Per Christum Dominum nostrum, Amen.

PRIONS.

Dieu tout-puissant et éternel, qui nous gardez et protégez par le témoignage glorieux que vous rendit la bienheureuse Reine, vierge et martyre, faites qu'à son exemple, aidés du secours de sa prière, soutenus par ses mérites, nous avancions dans la pratique des vertus chrétiennes. Par J.-C. N.-S. Ainsi soit-il.

PRIÈRE A SAINTE REINE.

Sainte Reine d'Alise, qui avez été sage, modeste et obéissante dès votre enfance, vous qui mettiez votre bonheur à méditer les vérités de l'Evangile et les actes des martyrs confirmez ma foi et mon obéissance.

Sainte Reine d'Alise qui avez supporté avec un courage héroïque les supplices de votre martyre, obtenez-moi la résignation qui sanctifie les peines, la patience qui les adoucit et le pardon de mes péchés qui sont la seule cause de mes misères.

Glorieuse Vierge martyre, du haut du ciel où vous régnez, bénissez-moi ; aidez-moi à être fidèle jusqu'à la mort, afin que je puisse triompher éternellement avec vous dans les cieux. Ainsi soit-il.

PRIÈRE A LA CHAPELLE SAINTE-REINE.

Bienheureuse Sainte Reine, que je suis heureux de me trouver au pied de votre autel, en face de votre image et de vos reliques, Faites, ô glorieuse vierge, qu'en faveur du courage et de la force que vous avez eus dans vos tourments, j'obtienne la rémission de mes fautes qui sont les maux de mon âme, pour recevoir la guérison ou le soulagement des maladies de mon corps. J'ai une ferme confiance de recouvrer par vos mérites la santé de l'un et de l'autre avant de sortir de ce saint lieu. Assistez-moi, Sainte Reine, je vous en prie les larmes aux yeux et le cœur contrit. O mon doux Jésus, époux de cette chaste vierge, faites-moi la grâce de l'imiter si parfaitement en cette vie, que je puisse la suivre dans le ciel, ou vous régnez avec le Père et le Saint-Esprit dans tous les siècles des siècles. Ainsi soit-il.

PRIÈRE A LA FONTAINE SAINTE-REINE.

Divin médecin de nos âmes et de nos corps, qui, par l'usage de l'eau, avez purifié les âmes de leurs péchés et les corps de leurs maladies, donnez-moi cette foi vive que je dois avoir en votre toute-puissante miséricorde et cette pieuse confiance que tant de fidèles ont eue aux mérites de Sainte Reine, votre généreuse vierge et martyre, confiance que vous avez tant de fois récompensée par des effets miraculeux, afin que l'usage que je ferai de l'eau pure de sa fontaine ait, pour mon corps, l'effet de la piscine de l'Evangile. Esprit saint reposez-vous sur ces eaux pour me les rendre salutaires par l'intercession de cette vierge que vous avez choisie pour votre épouse et que j'invoque aujourd'hui comme mon avocate auprès de Votre divine Majesté. Et à son exemple, faites-moi la grâce de marcher avec ardeur dans l'accomplissement de tous vos commandements jusqu'à la mort. Ainsi soit-il.

PRIÈRE POUR UNE PERSONNE MALADE.

Bonne Sainte Reine, je viens vous demander la guérison d'une personne qui a pris une bien grande part de la loi des souffrances et de l'expiation, et qui a recours à vous parce qu'elle connait la compassion de votre cœur pour les malheureux. Par vos chaînes, par les chevalets, les verges et les torches ardentes de votre martyre, je vous supplie d'avoir pitié d'elle. Elle peut dire comme vous : « J'ai passé par le feu et par l'eau » de la tribulation ; faites-la arriver au rafraîchissement. Comme vous, elle crie vers Dieu : « Rompez mes liens, afin que je vous offre un sacrifice de louanges, que ma suffocation devienne une illumination de salut. » Ne soyez pas sourde à ses suppplications, ne les repoussez pas. Votre prière est toujours pour Dieu « un parfum de suavité, » priez pour elle et elle dira, comme vous encore : « Le Seigneur règne dans mon cœur, il est revêtu de splendeur. Vous m'avez éclairée et sauvée, Seigneur Jésus ; soyez béni dans les siècles des siècles. » Ainsi soit-il.

www.ingramcontent.com/pod-product-compliance
Ingram Content Group UK Ltd.
Pitfield, Milton Keynes, MK11 3LW, UK
UKHW021639260726
13994UKWH00003B/1225

9 782329 353074